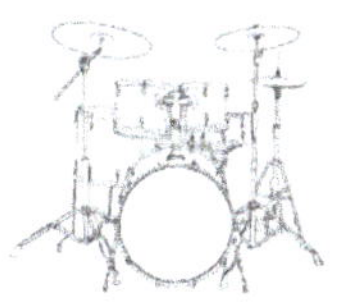

Francesco Zocca

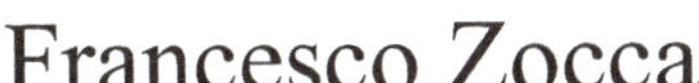

CHIAVE DI LETTURA DEI METODI PER LO STUDIO DELLA BATTERIA

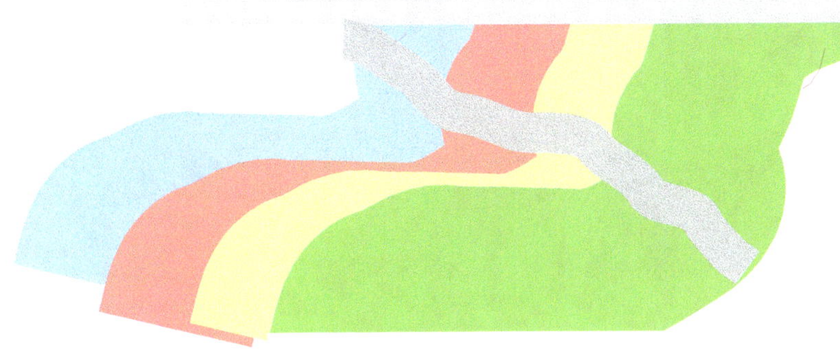

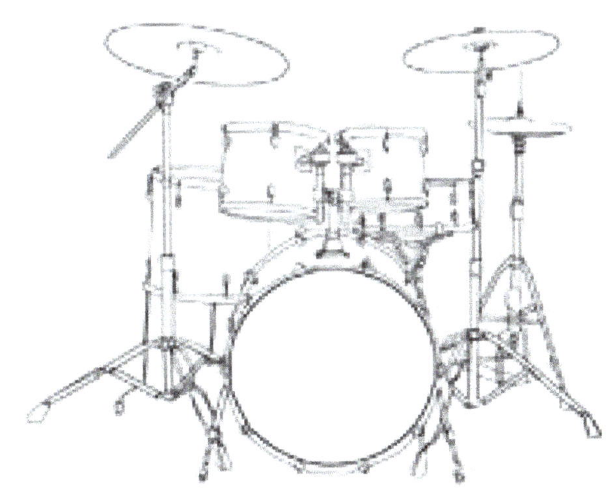

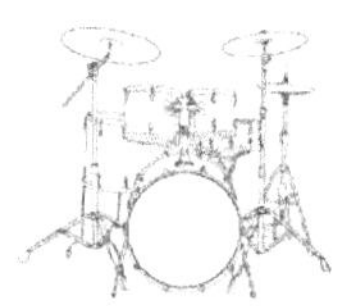

CHIAVE DI LETTURA DEI METODI
PER LO STUDIO DELLA BATTERIA

Francesco Zocca

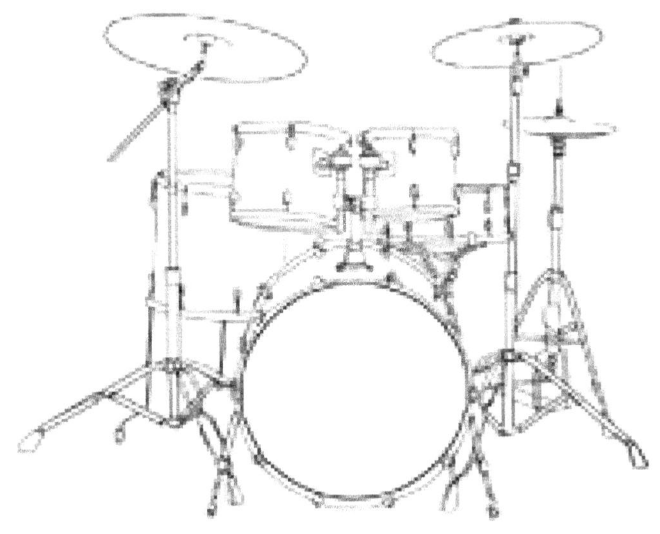

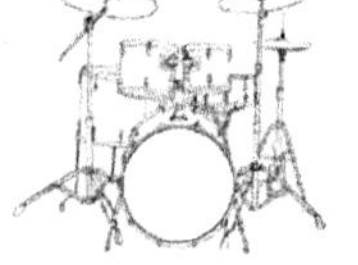

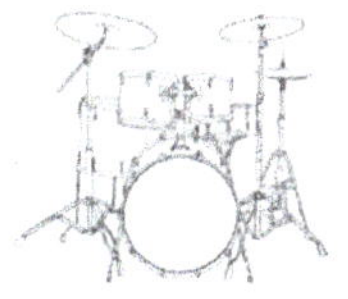

INDICE

Presentazione

Elenco dei :
METODI DEDICATI PREVALENTEMENTE A:

STUDIO DELLE MANI

- 40 Rudimenti
- Syncopation   Ted Reed
- Stick Control   Lawrence Stone
- Access & Rebound   Lawrence Sone
- Modern Rudimental   Charley Wilcoxon
- Gene Krupa   Gene Krupa
- Master Studies   Joe Morello
- The Drummer's Complete Vocabulary   Alan Dawson
- The Weaker Side   Don Formularo, Stephane Chamberland
- Gaddiments   Steve Gadd

COORDINAZIONE MANI E PIEDI

- 4 Way-Coordination   Marvin Dahlgren, Elliot Fine
- Advanced Techniques for the Modern Drummer   JimChapin
- Essential Drum Fills   Peter Erskine
- Turn The Bit Around   Paul Wertico
- Joe Porcaro's Drumset Method   Joe Porcaro

RITMI & STILI – PERFORMANCE MUSICALE

- Jazz Drumming Transition   Terry O'Mahoney
- Groove Essentials   Tommy Igoe
- Advanced Funk Drumming   Jim Payne
- Vienna Big Bang Machine   Walter Grassmann
- Big Bang Drumming   Walter Grassmann
- Afro-Cuban Coordination for drumset   Maria Martinez
- Brazilian Coordination for drumset   Maria Martinez
- Pulse of Jazz   Nic Marcy

COORDINAZIONE MANI E PIEDI
RITMI & STILI – PERFORMANCE MUSICALE
UNA VISIONE STORICO / DIDATTICA / CULTURALE

- L'arte della batteria Bop   John Riley
- Beyond Bop Drumming   John Riley
- The jazz drummers workshop   John Riley
- Conversations in Clave   Horacio 'El Negro' Hernandez
- The Erskine Method for drumset   Peter Erskine

UNA VISIONE STORICO / DIDATTICA / CULTURALE

- Salsa Guidebook   Rebeca Mauleon
- World Jazz Drumming   Mark Walker
- The Jazz Theory Book   Mark Levine
- The evolution of Jazz Drumming   Danny Gottlieb
- La strada battuta   Rich Lackowski
- Standard Jazz   Ted Gioia
- La storia del Jazz   Onori-Brazzale-Franco

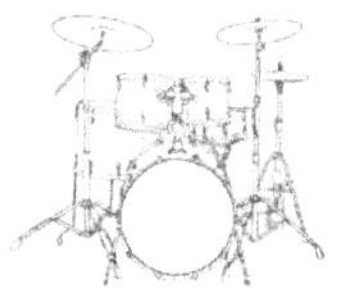

Presentazione

Anni fa, quando iniziai lo studio della batteria, non avevo alcuna idea di come partire; vedevo tanti metodi, impostati in modo diverso. Non capivo quale seguire.

Chi impostava lo studio, senza alcuna spiegazione, sulla lettura di sequenze, chi parlava dei ritmi usati nel rock. Metodi scritti da eccellenti maestri, ma spesso dedicati a sviluppare prevalentemente un argomento oppure a citarne molti senza approfondire.

Come studente ero disorientato, non sapendo quale metodo seguire e quali argomenti fossero piu importanti di altri.

A distanza di molti anni, ho finalmente un'idea chiara.

Avrei però voluto trovare allora un libro come questo, che non è un nuovo metodo che si aggiunge ai mille e piu già esistenti, ma è un libro che **offre una chiave di lettura dei metodi esistenti.**

Ciò che ho focalizzato è come usare i metodi esistenti in un percorso che permetta di comprendere ed assimilare lo strumento nella sua totalità.

Il presente libro ha una prima parte che descrive brevemente alcuni punti generali, ma importanti.

La seconda parte è quella fondamentale: descrive l'idea che sta alla base dello studio attraverso i metodi che verranno elencati, o di altri che potreste trovare, classificandoli secondo una precisa impostazione che poi indicherà come utilizzarli.

La strada che troverete sarà la vostra strada, impostata su di voi direttamente da voi.

Buona lettura.

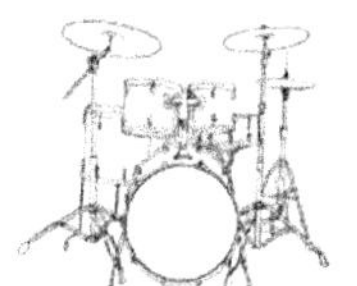

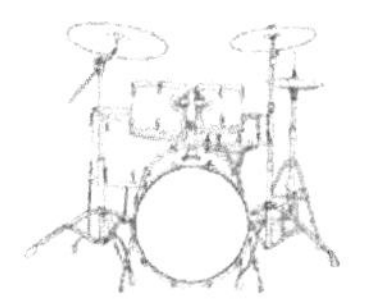

PRIMA

PARTE

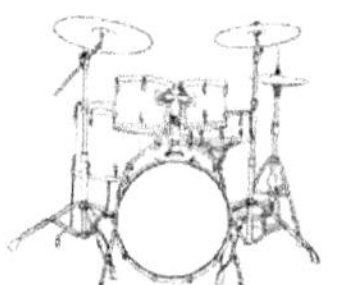

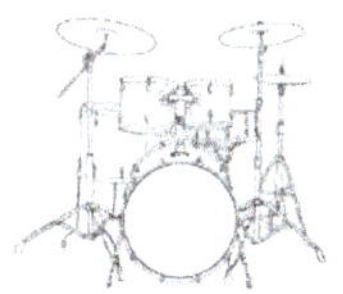

I PARTE

I.1 Introduzione

Per suonare la batteria si utilizzano le mani, attraverso le bacchette, ed i piedi attraverso l'uso dei pedali. L'esecuzione è una figurazione di colpi, con il tempo e l'intensità stabilita.
Si hanno quindi a disposizione 4 sorgenti, 2 mani e 2 piedi, e molte destinazioni, ovvero tutti gli elementi che normalmente compongono la batteria (cassa, rullante, toms, timpani, charleston, piatti).
Cosa succede realmente ?
Il cervello produce stimoli nervosi/muscolari e mani e piedi ricevono gli stimoli e producono un movimento, in un istante esatto, con l'intensità voluta, sull'elemento scelto. Il tutto anche in modo parallelo su arti differenti.
Ma può il cervello emettere stimoli contemporanei ? E come fa a ripetere tali stimoli con una tempistica perfetta ?
Il cervello ha bisogno di punti di riferimento, di un metronomo interno. A volte sono gli stessi colpi eseguiti con un arto a diventare i riferimenti per i successivi.
Contare, con il cervello o con la voce anche, può aiutare, ma diventa un altro task da eseguire per il nostro sequencer interno, e ciò porta via un pò di energia, da quella a disposizione per l'esecuzione degli stimoli per mani e piedi.
Per vedere una semplice tecnica di conta si veda il paragrafo specifico.

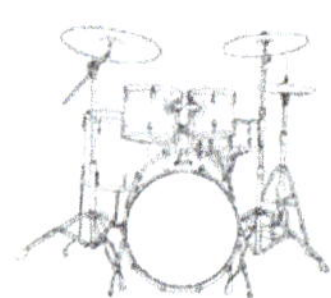

I.2 L'apprendimento di una lingua

La prima cosa da imparare, quando si apprende una lingua, è l'alfabeto.
Poi si creano le parole, quindi le frasi ed infine i discorsi.
L'alfabeto :

A) COLPI:
1) full-stroke
2) down-stroke
3) tap
4) up

B) ACCENTI
C) RIMBALZI

Le parole :

1/4
1/8
terzine di 1/8
1/16
rudimenti

Le frasi :
pattern di stili: rock, pop, bossa,...

I discorsi :
brani musicali

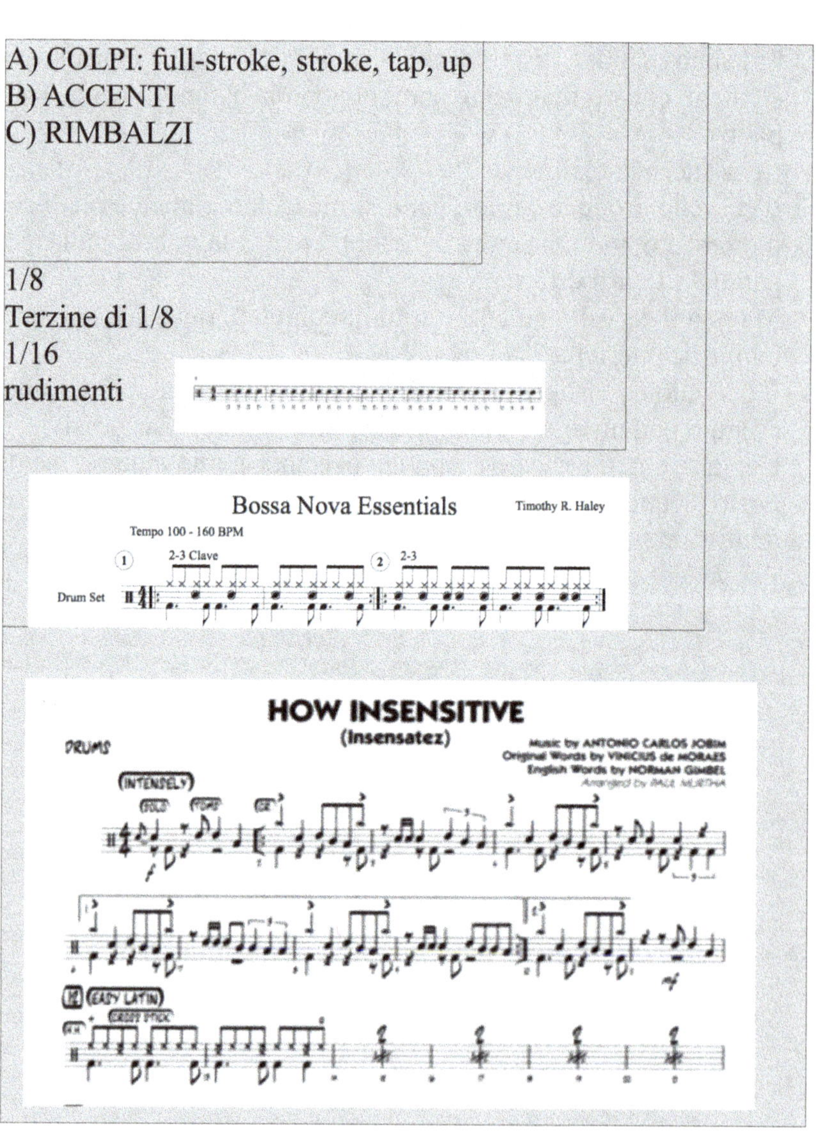

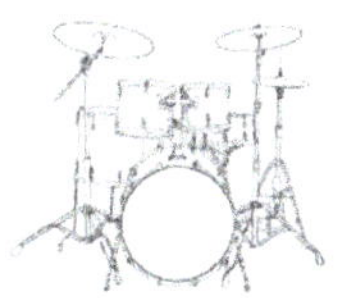

I.3 Vocabolario ritmico

E' importante capire l'aspetto ritmico delle 'note';
In particolare:

- i quarti :
1, 2, 3, 4

- gli ottavi:
1 &, 2 &, 3 &, 4 &

- le terzine di ottavi
1- tri- plet, 2- tri- plet, 3- tri- plet, 4- tri- plet

- i sedicesimi
1 e & a, 2 e & a, 3 e & a, 4 e & a

qui riproduciamo i 2 schemi che raffigurano tutte le combinazioni di SEDICESIMI e di TERZINE.
Contando a voce alta si consiglia di prendere familiarità con questi schemi, riproducendoli sulla
batteria, per esempio sul rullante, mantenendo un ritmo di base con gli altri elementi della batteria.

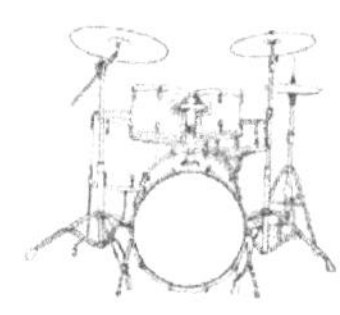

1 e & a, 2 e & a, 3 e & a, 4 e & a

(16)

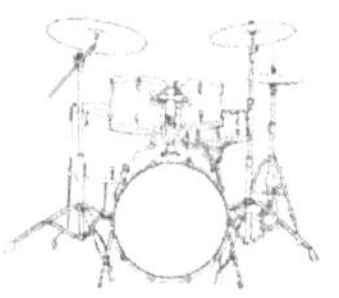

1- tri- plet, 2- tri- plet, 3- tri- plet, 4- tri- plet

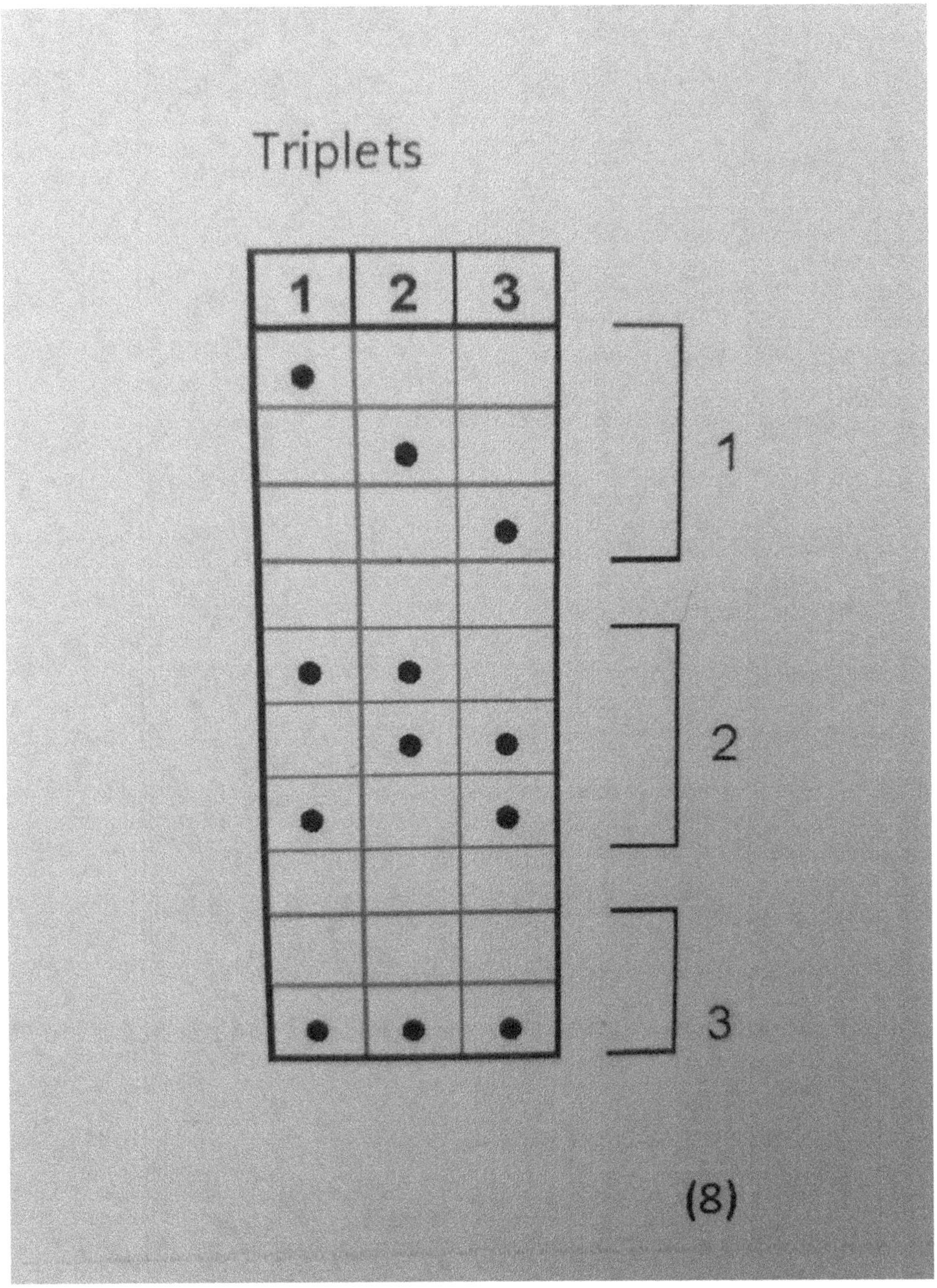

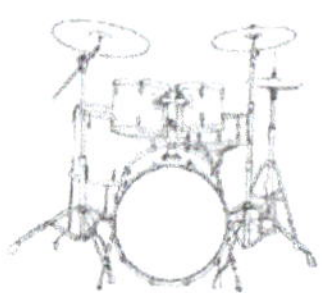

I.4 Contare

Contare mentre si suona è spesso necessario, anche se non sempre.
E' però utile contare in un modo naturale per permettere al cervello di coordinare gli stimoli per gli arti e non distrarsi.
Il modo in cui si conta è assolutamente personale, io posso solo indicare un modo.
In taliano contare significa dire o pensare : uno, due, tre,....
Per poter contare anche le suddivisioni però, puo essere utile usare un diversivo e contare:

uno, two, three, four
due, two, three, four
tre, two, three, four
quattro, two three, four
------
uno, two, three, four
due, two, three, four
tre, two, three, four
quattro, two three, four

oppure

uno, two, three, four
due, two, three, four
tre, two, three, four
quattro, two three, four
cinque, two, three, four
sei, two, three, four
sette, two, three, four
otto, two three, four

dipende dalla forma del brano su cui è necessario contare.
Il vantaggio di questo modo di contare è il fatto che ci permette di sapere in quale misura ci troviamo (i numeri in italiano) ed all'interno della misura (ipotizzata di 4/4) sul quale 1/4 ci troviamo.
Se si rende necessario suddividere i 1/4 ulteriormente (per avere i 1/16 e magari fare un fill di passaggio) è possibile usare questa dizione:
1 e & a, 2 e & a, 3 e & a, 4 e & a
che corrsiponde a (+ corrisponde a & (si dice 'and'))

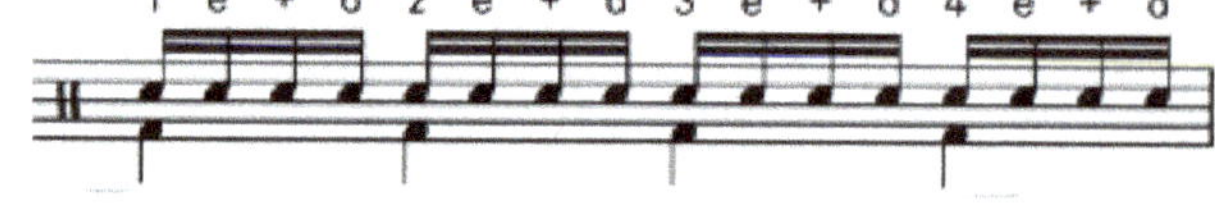

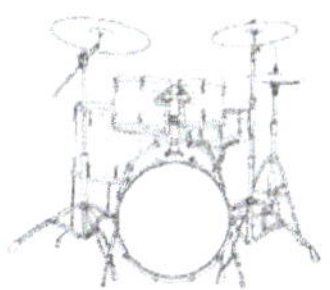

I.5 Analisi di un brano

Lo studio di un brano musicale, con l'obiettivo di riprodurlo, avviene in varie fasi.
Prima di tutto si deve individuare il brano originale evitando successivi arrangiamenti.
Si deve procedere ad un ascolto attento e ripetuto.
Si deve individuare la forma del brano ed il tempo (bpm).
Si deve procedere alla scrittura della partitura della batteria.
L'esecuzione potrà avvenire per fasi progressive:
a) nella prima fase è necessario e sufficiente eseguire il ritmo di base, con le corrette pause,
evitando i fill o i soli.
b) nella fase successiva è necessario eseguire il brano con la velocità (bpm) d'esecuzione prevista
c) nella terza fase si dovranno eseguire anche i fill / soli previsti

Una categoria a parte sono i brani di Jazz che in generale non hanno regole imposte, tranne le parti
obbligate, ma in cui è necessario comprenderne bene la forma e poi sviluppare capacità
improvvisative.

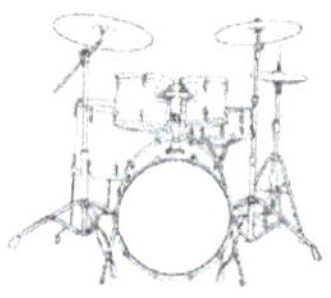

1.6 Lettura della partitura di batteria

Nell'uso comune della partitura per batteria viene usato il pentagramma, dando un significato specifico alle note.

1.6.1 Sistema di rappresentazione

Un esempio potrebbe essere il seguente:

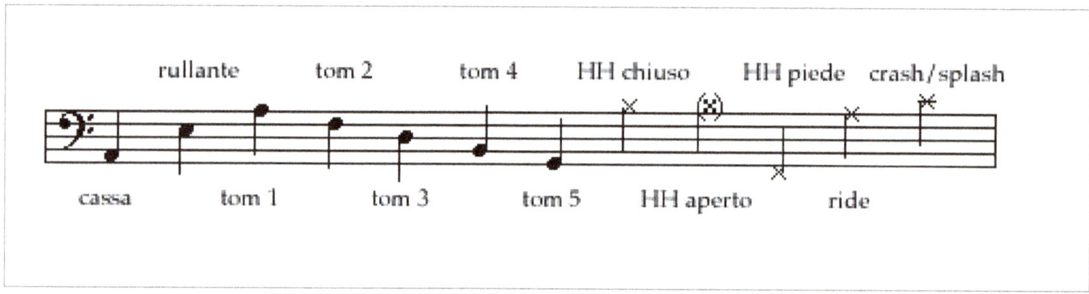

ma ci possono essere delle piccole differenze per alcune note.

1.6.2 modalità di scrittura

Questa è la famosa pagina 32 del metodo 'Syncopation', piu avanti citato, che visualizza 3 scritture equivalenti, che si leggono nello stesso modo.
E' importante capire le tre modalità di rappresentazione, perchè potrà capitare d'incontrarle in una partitura che ci viene chiesto di suonare.

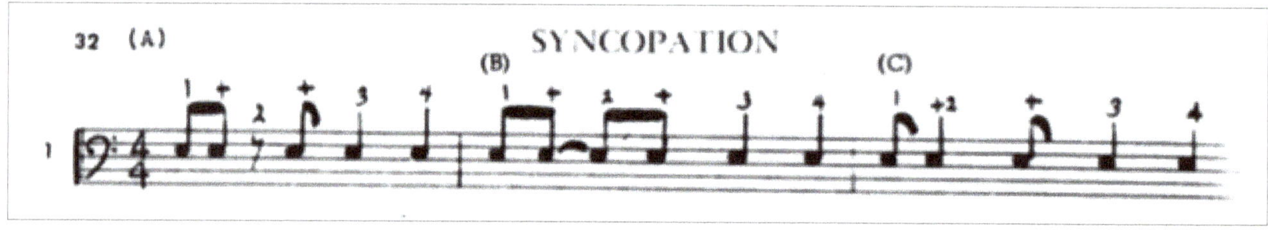

1.6.3 partitura per batteria

Un valido esempio di partitura la potete trovare sul metodo " Vienna Big Bang Machine", piu avanti citato.

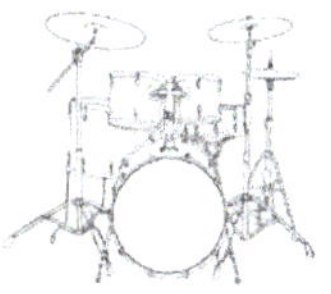

I.7 Pagellina (KPI)

Per capire quali siano i progressi che facciamo durante i mesi e gli anni può essere utile formulare una lista di voci su cui esprimere un giudizio. E' quello che nel business viene definito come 'Key Performance Index', ma che io definisco semplicemente 'Pagellina' come se fossimo a scuola.
Si tratta d'individuare una serie di argomenti chiave su cui darsi un voto (o farselo dare da un maestro) ogni anno o trimestre, cosi da misurare i progressi.
Solo a titolo di esempio alcuni argomenti potrebbero essere:

A. Lettura
A.1 Comprensione dello spartito
A.2 Lettura di base : groove e pause
A.3 Lettura completa di spartito di batteria
A.4 Lettura a prima vista

B. Esecuzione
B.1 Conoscenza dei groove di base (swing, bossa, afro,...)
B.2 Precisione nel tenere il tempo
B.3 Contare periodi lunghi (es. 32 battute)
B.4 Velocita di esecuzione (Up Time)
B.5 Capacità nei fills
B.6 Suonare in gruppo
B.7 Improvvisazione e soli

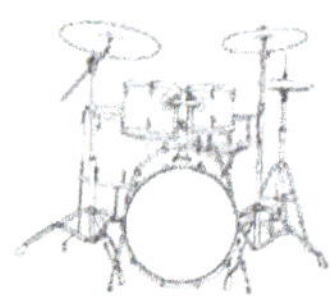

I.8 La pulsazione

La pulsazione è un elemento fondamentale.
Quando si suona insieme ad altri musicisti, la pulsazione è cio che lega assieme la musica prodotta da ognuno. In particolare l'accompagnamento principe della batteria è il basso o contrabbasso.
La batteria ed il basso devono abbracciarsi e camminare con lo stesso passo.
Nel jazz, per esempio, sono frequenti gli andamenti in 2 o in 4 quarti ed in un brano si puo passare frequentemente dall'uno all'altro. Spesso c'è un segnale del batterista agli altri componenti del gruppo, ed il bassista in particolare, che si passa da 4 a 2 o viceversa, altre volte è definito a tavolino, l'importante è essere allineati.
Durante l'assolo del (contrab)basso si sente chiaramente uno stacco, prima andando in 2, durante l'assolo, in cui il batterista accompagna solo con il charleston, e poi passando in 4, alla fine dell'assolo, per ripartire con la spinta, sul ride, mentre il (contrab)basso riprende a spingere sui quarti con il 'walkingbass'.
E' bene che il batterista conosca le parti del basso o perlomeno l'andamento che il basso deve avere nel brano. Quando si suona in un gruppo di piu elementi, il batterista deve sentire tutti ma in modo particolare il basso.

I.8.1 La (gran)cassa

La grancassa è un elemento della batteria che si suona con il piede destro (o sinistro per i mancini).
Tendenzialmente si parte con lo studio delle mani, ed il piede dell'Hi-hat e si lascia la grancassa per ultima dedicandole magari solo dei colpi fondamentali, quali il primo ed il terzo, in una sequenza in 4 quarti nel rock oppure s'inizia con il suonare tutti i quarti in una modalità leggera quasi inavvertibile, nel jazz.
In realtà la cassa è un elemento fondamentale, su cui costruire sequenze di grande effetto.
Seguendo quanto descritto nel prf. 1.2 anche con la cassa è da seguire un percorso di apprendimento completo: alfabeto, parole, frasi, discorsi.
Nel Jazz inoltre la cassa diventa un elemento su cui improvvisare, tanto quanto lo è il rullante.
Nel Pop-Rock ci sono delle figurazioni classiche che ricorrono in tutti i brani. Qui non c'è una fase d'improvvisazione, ma bensi la precisione e l'uniformità del colpo di cassa.
Nel mondo Bossanova e Samba, la cassa segue una figurazione molto caratteristica, senza la quale la pulsazione del ritmo non si esprime.
Quindi per apprendere il linguaggio, si faccia riferimento al paragrafo 1.3 sul vocabolario ritmico, ovviamente eseguito con la cassa, mentre con le mani si mantiene un tappeto ritmico, per esempio 1/8 su hi-hat e rullante sul 2 e sul 4.

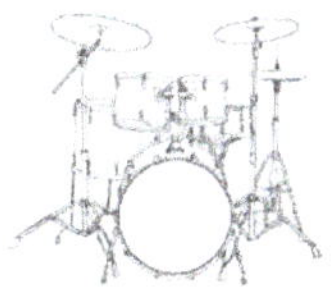

I.9 Suonare con il gruppo con i musicisti non in presenza

Con la crisi pandemica del Covid-19 è nata la necessità per i gruppi musicali di suonare insieme non in presenza. Vi sono 2 situazioni tipiche:

I.9.1 Suonare contemporaneamente

Implica riuscire a suonare come se fossimo in presenza, ma trovandosi a distanza.
Si sfrutterebbe la connessione internet, ma con i comuni programmi sw di teleconferenza le problematiche sono legate alla qualità del suono (i programmi sono tipicamente studiati per le frequenze del parlato) ed al ritardo con cui il suono generato da un musicista giunge agli altri musicisti.
Un sw, di uso libero, che ha dato buoni risultati è 'JamKazan', che richiede però di disporre di un'ottima connessione internet e di connettersi al proprio router con il cavo di rete.
Tale sw si serve di un server comune, in cui il suono ricevuto dalle varie sorgenti, viene risincronizzato ed inviato a tutti i musicisti, con un ritardo minimo e soprattutto comune a tutti i musicisti.

I.9.2 Suonare in differita

Implica creare un pezzo musicale, suonando ognuno in un momento diverso.
Si creano le tracce musicali e poi le si sincronizza usando un sw multitraccia, come per esempio Logic, ProTools o Cubase.
La procedura è la seguente:

a. crezione della cosidetta traccia guida;
b. creazione della traccia di batteria;
c. creazione della traccia di basso;
d. creazione delle altre tracce;
e. creazione della traccia voce;

La creazione della traccia guida deve essere assolutamente creata per prima. Vediamo in cosa consiste:

La traccia guida è una traccia basata su un metronomo, che evidenzia la forma del brano, gli accordi che lo compongono e la melodia. Il tempo deve essere molto preciso, ma gli accordi e la melodia possono anche non essere di qualità, in quanto poi verranno sostituiti con le tracce specifiche.
La traccia guida dovrà quindi essere la prima traccia da registrare nel sw multitraccia.
Il batterista si metterà nelle orecchie la traccia guida e creerà la traccia di batteria.
A questo punto il sw multitraccia avrà 2 tracce: la traccia guida e la traccia di batteria.
Il bassista si servirà di queste 2 tracce per registrare la propria traccia.

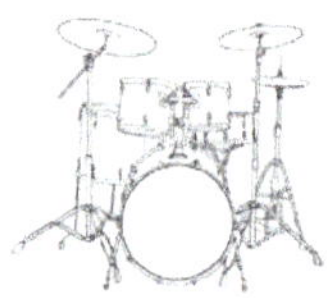

Ora quindi disponiamo di 3 tracce: traccia guida, traccia di batteria, traccia di basso.
Da questa situazione, i musicisti degli strumenti armonici, possono registrare il prorpio accompagnamento, avendo nelle orecchie la traccia di batteria e di basso.
La traccia guida non servirà piu e potrà essere lasciata in 'Mute'.
Quando la registrazione delle tracce di accompagnamento sarà terminata, sarà possibile registrare la traccia della voce e delle parti soliste.
Durante queste fasi i musicisti potranno scambiarsi il file del sw multitraccia, se dispongono del sw o anche solo l'output su file audio (personalmente sconsiglio l'utilizzo del formato mp3, in quanto di scarsa qualità, in particolare sui bassi).

I.10 La composizione di un brano di batteria

Quando si ha di fronte un brano su cui costruire la parte della batteria si devono inizialmente definire alcuni punti:
- lo stile del brano
- la forma del brano
- l'arrangiamento desiderato o richiesto

Lo stile del brano mi permette di creare il ritmo portante, esempio swing o funky o rock e cosi via.
La forma del brano permette di capire dove si possono introdurre variazioni timbriche, per esempio uso la mano destra su hi-hat nei versi e sul ride nel ritornello, oltre che capire i fill possibili per passare da una frase alla successiva o da frase a ritornello (oppure dove fare uno stop tempo e tenere solo quarti o ottavi su hi-hat)
Il tutto dipende dall'arrangiamento deciso per il brano.
Per esempio si potrebbe introdurre un verso o due senza batteria (o solo il minimo possibile) per dare piu dinamica al brano ed enfatizzare l'attacco della batteria nel momento di rientro del ritmo portante.

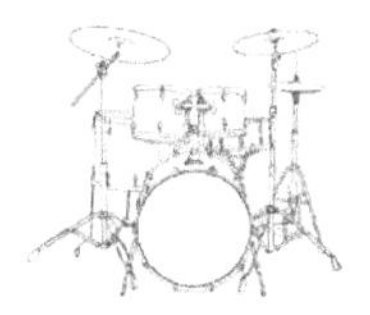

SECONDA PARTE

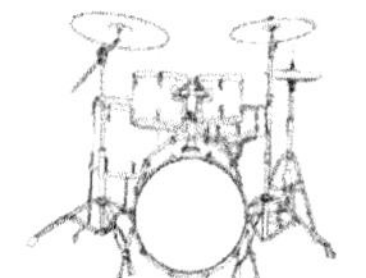

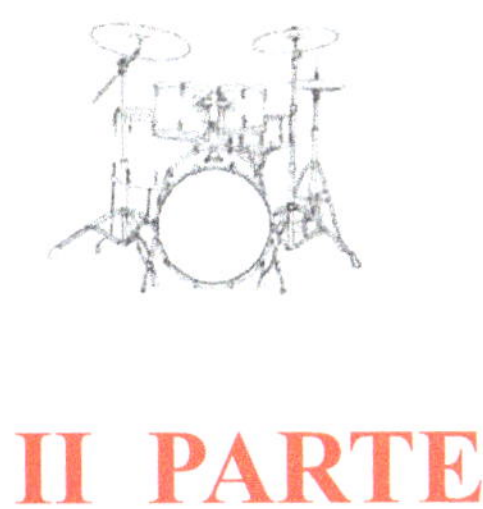

II PARTE

II.1 Dimensioni di studio

Il seguente studio offre una chiave di lettura dei metodi esistenti.
Vi sono 5 dimensioni principali:

1) **Lo studio delle mani**
2) **La coordinazione mani e piedi**
3) **I ritmi e gli stili**
4) **La performance musicale**
5) **La visione storico-didattica-culturale**

Le prime 4 dimensioni rappresentano anche un ottimo modo per suddividire una lezione, dedicando, per esempio, il 25% del tempo ad ogni dimensione. Il punto 5) è invece d'interesse generale oltre a far comprendere il perchè dei punti precedenti.

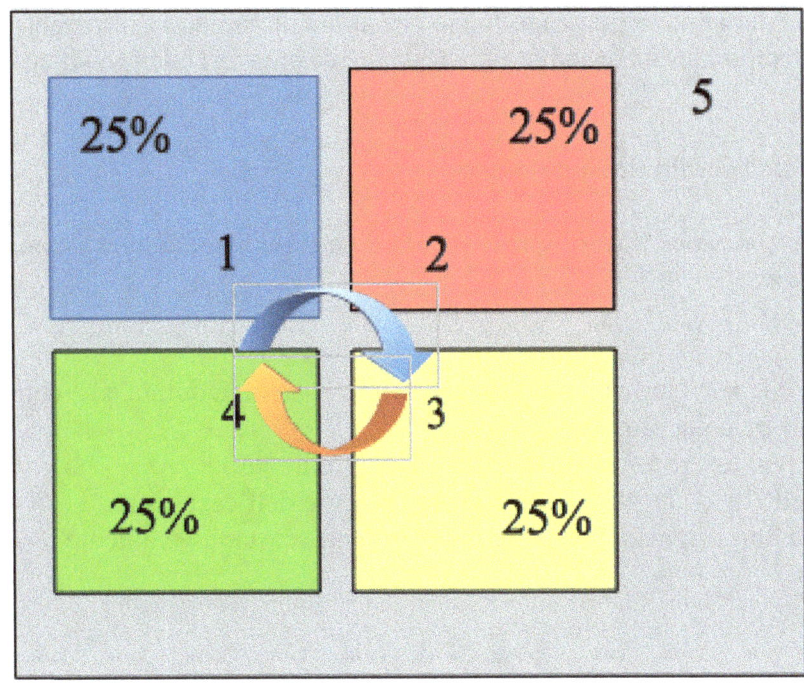

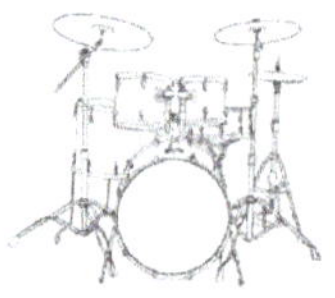

Punto 1) Lo studio delle mani

Fanno parte di questa dimensione tutti gli esercizi che tendono a creare fluidità, uniformità, velocità delle mani, a partire dai classici 40 rudimenti, allo studio di classici metodi storici

Punto 2) La coordinazione mani e piedi

In questa dimensione vengono collocati i metodi che hanno il compito prevalente di approfondire lo studio di esercizi di coodinamento di mani e piedi, oltre che quello di eseguire indipendentemente figurazioni diverse fra mani e piedi

Punto 3) I ritmi e gli stili

In questa dimensione vi sono gli studi di ritmi e stili in uso in generi musicali diversi, nonchè la capacità di eseguirli con la velocità e gli accenti appropriati

Punto 4) La performance musicale

Finalmente si suona ! Mettiamo in pratica tutto ciò che abbiamo imparato, verifichiamo la nostra capacità, di tenere il tempo, di sapere sempre dove siamo, di muoverci dentro ad un brano suonando con altri musicisti.

Punto 5) La visione storico-didattica-culturale

E' importante conoscere dove certi ritmi sono nati, chi li ha sviluppati, come si sono diffusi, quali sono i maestri da seguire.

BIBLIOTECA DELL'ECCELLENZA:
La biblioteca dell'eccellenza è formata dai libri che hanno la stellina dorata ed è composta dai titolo che non possono mancare nella propria collezione.
Il formato dell'opera può essere fisico (carta) o virtuale (pdf, etc).
Il mio consiglio è quello di avere su carta perlomeno le opere dell'eccellenza.
Ultima nota: scegliete libri originali, acquistati regolarmente, costano veramente poco in confronto a cio che contengono.

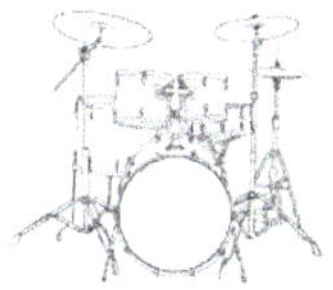

II.2 La scheda

I vari metodi, libri, guide, pubblicazioni verranno classificati usando la seguente scheda:

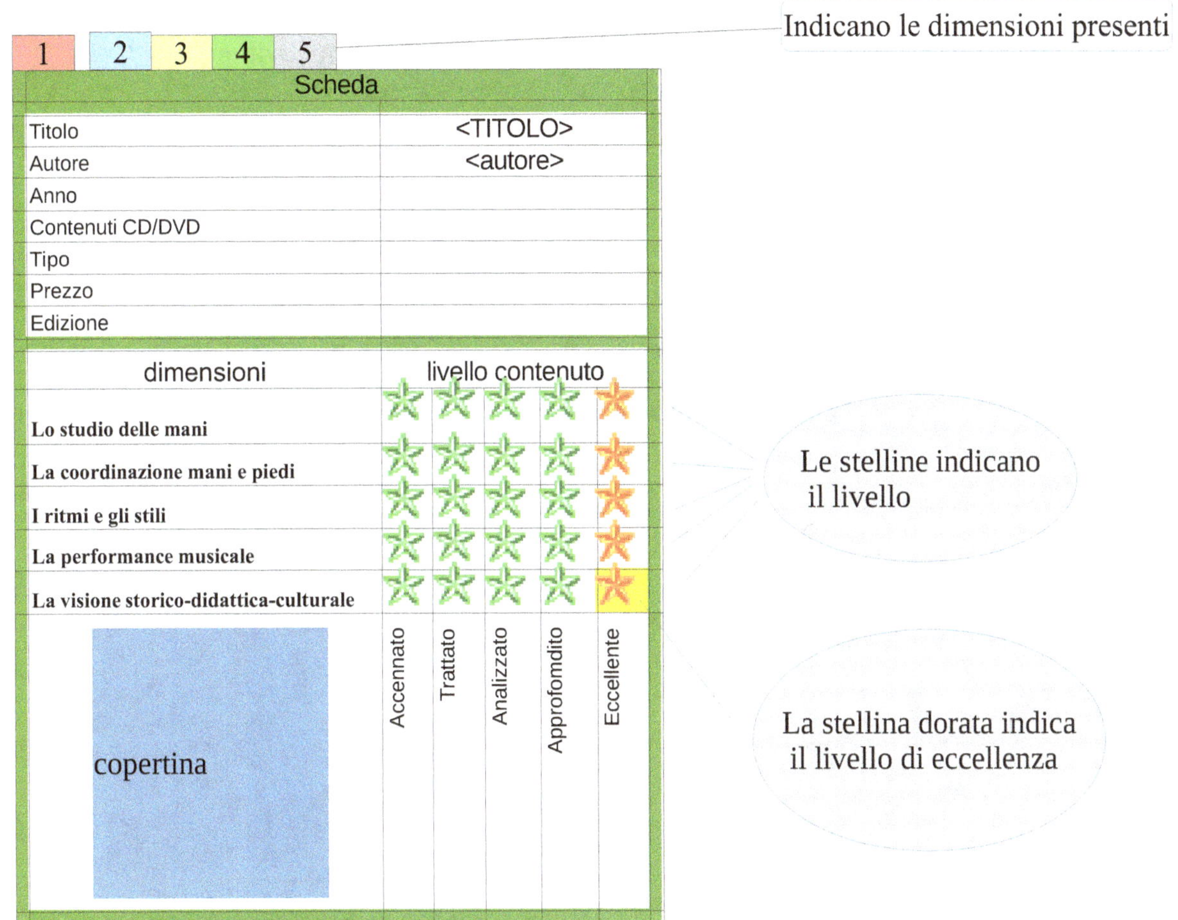

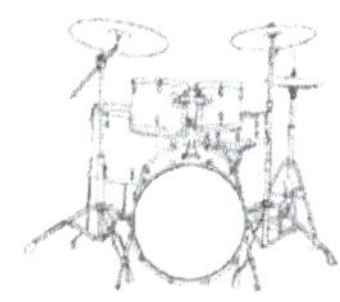

II.3 I percorsi

In appendice troverete numerose schede di metodi, che permettono di capire l'orientamento prevalente del metodo indicato.
L'elenco è ben lungi dall'essere esaustivo, di fatto ne sono citati solo alcuni.
Questi indicati, sono peraltro molti per essere studiati in modo completo.
Quali sono, dunque, i percorsi possibili, che attraversano lo studio dei metodi indicati ?
Quali sono i progressi che è giusto aspettarsi da uno studio organizzato ?
E' molto difficile rispondere, anche perchè non tutti apprendono nello stesso modo.
Possiamo solo ipotizzare qualche strada:

II.3.1 Percorsi in termini di tempo/attività

PERCORSI	Studio di chi inizia	Studio per perfezionare	Studio da appassionato	Performer
1)Lo studio delle mani	50%	30%	20%	35%
2)La coordinazione mani e piedi	20%	20%	10%	25%
3)I ritmi e gli stili	10%	20%	20%	10%
4)La performance musicale	10%	20%	10%	25%
5)La visione storico-didattica-musicale	10%	10%	40%	5%
Lezione individuale con maestro	X	X	X	X
Musica d'insieme con maestro				Y
Prove gruppo				X
Esibizioni				Z

X = settimanale o 2volte al mese
Y= mensile
Z= mensile o ogni 2 mesi

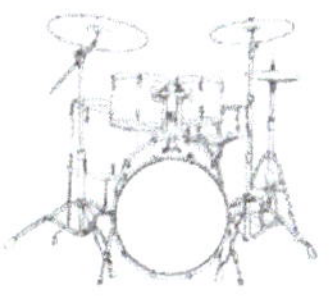

II.3.2 Percorsi in termini di metodi

Oltre al tempo in percentuale da dedicare, può essere utile declinare alcuni dei metodi indicati in appendice, per ognuna delle 5 dimensioni di studio.

PERCORSI	Studio di chi inizia	Studio per perfezionare	Studio da appassionato	Performer
1)Lo studio delle mani				
2)La coordinazione mani e piedi				
3)I ritmi e gli stili				
4)La performance musicale				
5)La visione storico-didattica-musicale				

Esempi di declinazione dei metodi nella composizione di un percorso:
Esempio1

PERCORSI	Studio di chi inizia
1)Lo studio delle mani	Rudimenti+Stick Control
2)La coordinazione mani e piedi	4 Way Coordination
3)I ritmi e gli stili	Groove Essential v.1
4)La performance musicale	Groove Essential v.1
5)La visione storico-didattica-musicale	L'arte della batteria Bop - John Riley

Esempio2

PERCORSI	Studio per perfezionare
1)Lo studio delle mani	Syncopation The Drummer's Complete Vocabulary - Alan Dawson
29La coordinazione mani e piedi	Advanced Techniques for the Modern Drummer – Jim Chapin
3)I ritmi e gli stili	Jazz Drumming Transition -Terry O'Mahoney
4)La performance musicale	Vienna Big Bang Machine- Walter Grassmann
5)La visione storico-didattica-musicale	The evolution of Jazz Drumming - Danny Gottlieb

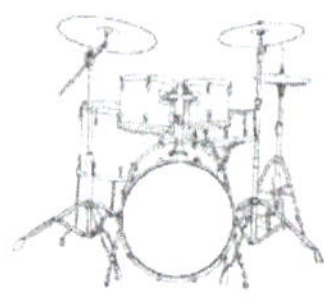

Esempio3

PERCORSI	Studio dedicato al JAZZ
1)Lo studio delle mani	Syncopation Master Studies - Joe Morello
2)La coordinazione mani e piedi	Advanced Techniques for the Modern Drummer – Jim Chapin
3)I ritmi e gli stili	L'arte della batteria Bop - John Riley Beyond Bop Drumming - John Riley
4)La performance musicale	Jazz Drumming Transition - Terry O'Mahoney
5)La visione storico-didattica-musicale	The Jazz Theory Book - Mark Levine The evolution of Jazz Drumming -Danny Gottlieb

Esempio4

PERCORSI	Studio dedicato all' AFRO-CUBAN
1)Lo studio delle mani	Syncopation The Drummer's Complete Vocabulary - Alan Dawson
2)La coordinazione mani e piedi	Advanced Techniques for the Modern Drummer – Jim Chapin
3)I ritmi e gli stili	Conversations in Clave - Horacio 'El Negro' Hernandez Afro-Cuban Coordination for drumset - Maria Martinez
4)La performance musicale	Conversations in Clave -Horacio 'El Negro' Hernandez
5)La visione storico-didattica-musicale	Salsa Guidebook - Rebeca Mauleon

Esempio5

PERCORSI	Studio dedicato al ROCK-POP
1)Lo studio delle mani	Rudimenti+Stick Control
2)La coordinazione mani e piedi	4 Way Coordination
3)I ritmi e gli stili	Groove Essential v.1 v.2
4)La performance musicale	La strada battuta - Rich Lackowski
5)La visione storico-didattica-musicale	La strada battuta - Rich Lackowski

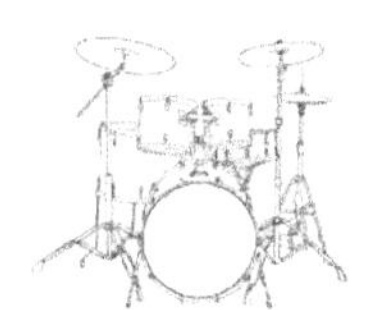

ELENCO DEI METODI

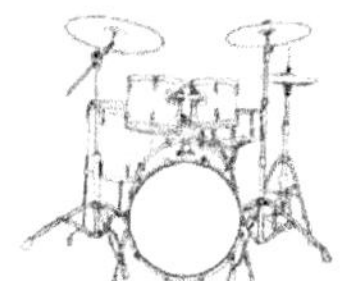

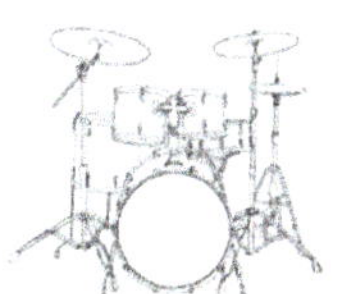

METODI DEDICATI PREVALENTEMENTE A:
1) STUDIO DELLE MANI

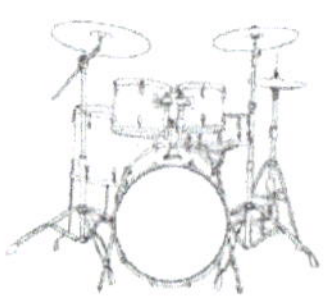

1	Scheda	
Titolo	**40 Rudimenti**	
Autore	*Percussive Arts Society* (PAS)	
Anno	Dal 1933	
Contenuti CD/DVD	/	
Tipo	/	
Prezzo	0	
Edizione	/	

dimensioni	livello contenuto				
	Accennato	Trattato	Analizzato	Approfondito	Eccellente
Lo studio delle mani	☆	☆	☆	☆	★
La coordinazione mani e piedi					
I ritmi e gli stili					
La performance musicale					
La visione storico-didattica-culturale					

Commento:
lo studio dei 40 rudimenti è una parte fondamentale dell'apprendimento. Il documento è reperibile in internet. I rudimenti rappresentano le prime parole che s'imparano una volta acquisito l'alfabeto. Il loro studio deve essere continuo, durante l'apprendimento. I progressi si misurano con la precisione e la capacità di eseguirli con velocità sempre piu alte.

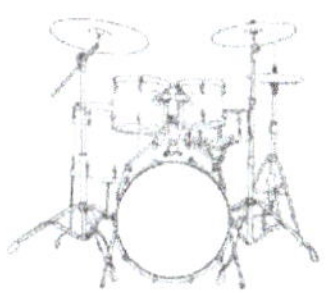

1	2	Scheda

Titolo	Syncopation
Autore	Ted Reed
Anno	1958
Contenuti CD/DVD	No
Tipo	/
Prezzo	12 euro
Edizione	Alfred

dimensioni	livello contenuto				
	Accennato	Trattato	Analizzato	Approfomdito	Eccellente
Lo studio delle mani	★	★	★	★	★
La coordinazione mani e piedi	★	★			
I ritmi e gli stili					
La performance musicale					
La visione storico-didattica-culturale					

Commento

Si tratta di un metodo storico, che fa parte delle biblioteca dell'eccellenza. Nasce nel '58 quando nel jazz è importante eseguire i colpi sincopati.

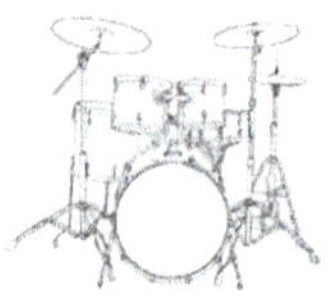

1	Scheda

Titolo	Stick Control
Autore	Lawrence Stone
Anno	1935
Contenuti CD/DVD	No
Tipo	/
Prezzo	12 euro
Edizione	Alfred / Volonte&Co

dimensioni	livello contenuto

dimensioni	Accennato	Trattato	Analizzato	Approfomdito	Eccellente
Lo studio delle mani					★★★★★
La coordinazione mani e piedi					
I ritmi e gli stili					
La performance musicale					
La visione storico-didattica-culturale					

Commento

Si tratta di un metodo storico, che fa parte delle biblioteca dell'eccellenza. E' forse il primo metodo della storia nato per esercitarsi sul rullante.

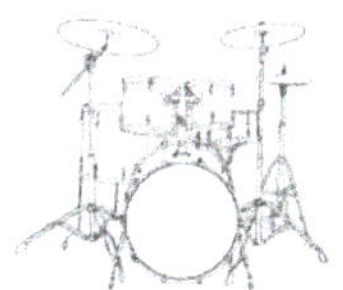

1	Scheda

Titolo	Accents and Rebounds
Autore	Lawrence Stone
Anno	1961
Contenuti CD/DVD	NO
Tipo	/
Prezzo	15 euro
Edizione	Alfred / Volonte&Co

dimensioni	livello contenuto				
	Accennato	Trattato	Analizzato	Approfomdito	Eccellente
Lo studio delle mani					★
La coordinazione mani e piedi					
I ritmi e gli stili					
La performance musicale					
La visione storico-didattica-culturale					

Commento:
Si tratta di un metodo storico, il secondo libro di Lawrence Stone dopo molti anni dalla pubblicazione di 'Stick Control'. Anche questo fa parte delle biblioteca dell'eccellenza.
Ciò che viene messo in evidenza sono proprio le 4 modalità, già accennate, di esecuzione dei colpi.

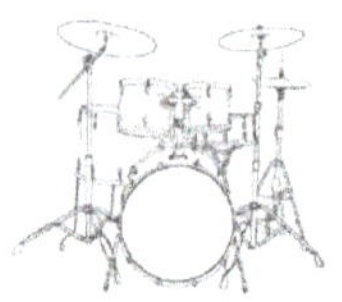

Scheda

Titolo	Modern Rudimental
Autore	Charley Wilcoxon
Anno	1941
Contenuti CD/DVD	No
Tipo	/
Prezzo	$14.00
Edizione	Ludwig Masters

dimensioni	livello contenuto				
	Accennato	Trattato	Analizzato	Approfomdito	Eccellente
Lo studio delle mani	☆	☆	☆	☆	☆
La coordinazione mani e piedi	☆	☆			
I ritmi e gli stili					
La performance musicale					
La visione storico-didattica-culturale					

Commento:
Si tratta di un metodo storico. Vi sono famose pagine per tamburo come "Rolling In Rhythm", dedicata a Joe Morello.

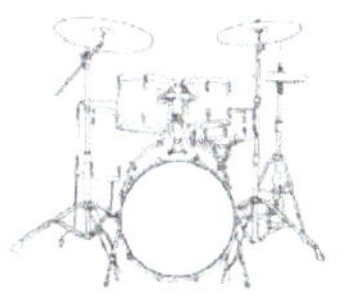

Scheda

Titolo	Metodo per batteria
Autore	Gene Krupa
Anno	1938
Contenuti CD/DVD	SI
Tipo	/
Prezzo	15 Euro
Edizione	Carisch

dimensioni	livello contenuto				
	Accennato	Trattato	Analizzato	Approfomdito	Eccellente
Lo studio delle mani	☆	☆	☆	☆	
La coordinazione mani e piedi	☆	☆			
I ritmi e gli stili					
La performance musicale					
La visione storico-didattica-culturale					

Commento :
metodo molto antico, fra i primi a comparire

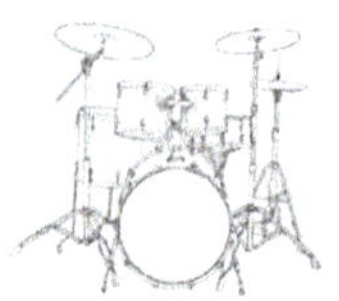

	Scheda	
Titolo	**Master Studies**	
Autore	Joe Morello	
Anno	1983	
Contenuti CD/DVD	No	
Tipo	/	
Prezzo	15 euro	
Edizione	Volonté&Co	

dimensioni	livello contenuto				
Lo studio delle mani	★ ★ ★ ★ ★				
La coordinazione mani e piedi					
I ritmi e gli stili					
La performance musicale					
La visione storico-didattica-culturale					
	Accennato	Trattato	Analizzato	Approfomdito	Eccellente

Commento:
metodo di un grande maestro scomparso recentemente

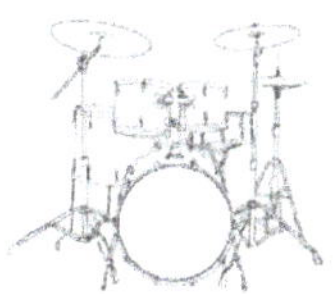

<table>
<tr><td>h</td><td>1</td><td>2</td><td colspan="6" align="center">Scheda</td></tr>
</table>

Titolo	The Drummer's Complete Vocabulary
Autore	Alan Dawson
Anno	1998
Contenuti CD/DVD	SI
Tipo	/
Prezzo	20 euro
Edizione	Alfred

dimensioni	Accennato	Trattato	Analizzato	Approfomdito	Eccellente
Lo studio delle mani	★	★	★	★	★
La coordinazione mani e piedi	★	★	★	★	
I ritmi e gli stili					
La performance musicale					
La visione storico-didattica-culturale					

livello contenuto

Commento:
famoso metodo che John Ramsay ha scritto riportando le lezioni del maestro Alan Dawson.
Celebre è diventato il cosidetto 'Rudimental rytual' riportato nel mctodo.

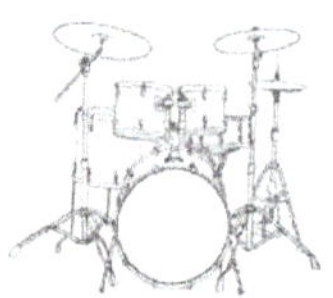

Scheda

Titolo	The Weaker Side
Autore	Dom Formularo & StephanChamberland
Anno	2007
Contenuti CD/DVD	No
Tipo	/
Prezzo	$11.00
Edizione	Wizdom

dimensioni	livello contenuto				
	Accennato	Trattato	Analizzato	Approfomdito	Eccellente
Lo studio delle mani	★ ★ ★				
La coordinazione mani e piedi					
I ritmi e gli stili					
La performance musicale					
La visione storico-didattica-culturale					

Commento:

E' un metodo molto particolare, dedicato a sviluppare l'arto debole (il sinistro in genere o il destro se si è mancini). E' interessante scoprire come sia diverso il livello dei 2 arti e come sia possibile far crescere l'arto debole.

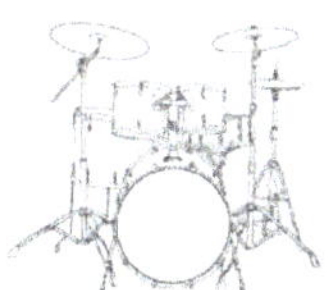

<table>
<tr><td colspan="7" align="center">Scheda</td></tr>
<tr><td colspan="2">Titolo</td><td colspan="5" align="center">GADDIMENTS</td></tr>
<tr><td colspan="2">Autore</td><td colspan="5" align="center">STEVE GADD</td></tr>
<tr><td colspan="2">Anno</td><td colspan="5" align="center">2021</td></tr>
<tr><td colspan="2">Contenuti CD/DVD</td><td colspan="5" align="center">No</td></tr>
<tr><td colspan="2">Tipo</td><td colspan="5" align="center">/</td></tr>
<tr><td colspan="2">Prezzo</td><td colspan="5" align="center">$25.00</td></tr>
<tr><td colspan="2">Edizione</td><td colspan="5" align="center">HUDSON MUSIC</td></tr>
</table>

dimensioni	livello contenuto				
	Accennato	Trattato	Analizzato	Approfomdito	Eccellente
Lo studio delle mani				★	
La coordinazione mani e piedi					
I ritmi e gli stili					
La performance musicale					
La visione storico-didattica-culturale					

Commento:
è un metodo nudo e crudo. E' molto recente. L'unico scritto da uno dei piu grandi artisti contemporanei, dedicato allo studio delle mani.

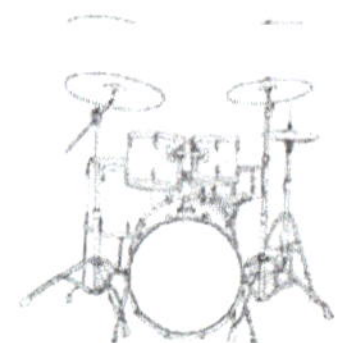

**METODI DEDICATI PREVALENTEMENTE A:
2) COORDINAZIONE MANI-PIEDI**

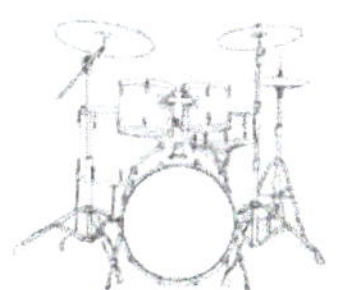

Scheda

Titolo	4-Way Coordination
Autore	Marvin Dahlgren, Elliot Fine
Anno	1991
Contenuti CD/DVD	No
Tipo	/
Prezzo	13 euro
Edizione	Alfred

dimensioni	livello contenuto				
	Accennato	Trattato	Analizzato	Approfomdito	Eccellente
Lo studio delle mani					
La coordinazione mani e piedi	☆	☆	☆	☆	☆
I ritmi e gli stili					
La performance musicale					
La visione storico-didattica-culturale					

Commento:
Si tratta di un metodo molto famoso ed offre una modalità personale per addestrare la coordinazione fra mani e piedi.

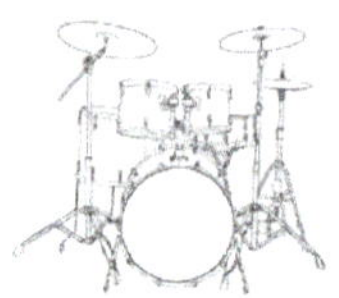

Scheda

Titolo	Advanced Techniques for Drummer
Autore	Jim Chapin
Anno	1948
Contenuti CD/DVD	No
Tipo	/
Prezzo	20 euro
Edizione	Alfred

dimensioni	livello contenuto				
	Accennato	Trattato	Analizzato	Approfomdito	Eccellente
Lo studio delle mani					
La coordinazione mani e piedi	☆	☆	☆	☆	☆
I ritmi e gli stili					
La performance musicale					
La visione storico-didattica-culturale					

Commento:

Storico metodo fra primi ad introdurre lo studio della coordinazione mani e piedi

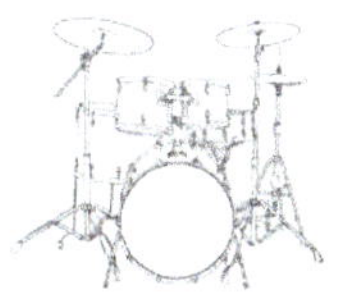

h 2	Scheda	
Titolo		Essential Drum Fills
Autore		Peter Erskine
Anno		2007
Contenuti CD/DVD		Si
Tipo		/
Prezzo		20 euro
Edizione		Alfred

dimensioni	livello contenuto				
	Accennato	Trattato	Analizzato	Approfomdito	Eccellente
Lo studio delle mani					
La coordinazione mani e piedi	★	★	★	★	
I ritmi e gli stili					
La performance musicale					
La visione storico-didattica-culturale					

Commento:
Ottimo metodo per lo studio dei Fills, con il concetto del punto di arrivo.
Aiuta a migliorare l'esecuzione e la precisione dei fill.

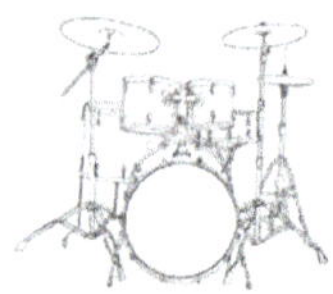

h 2	Scheda				
Titolo	Turn the Beat around				
Autore	Paul Wertico				
Anno	2017				
Contenuti CD/DVD	No				
Tipo	/				
Prezzo	/				
Edizione	Alfred				

dimensioni	livello contenuto				
	Accennato	Trattato	Analizzato	Approfomdito	Eccellente
Lo studio delle mani					
La coordinazione mani e piedi	★	★	★		
I ritmi e gli stili					
La performance musicale					
La visione storico-didattica-culturale					

Commento:
Ottimo metodo per analizzare il backbeat / downbeat e darne un'interpretazione creativa

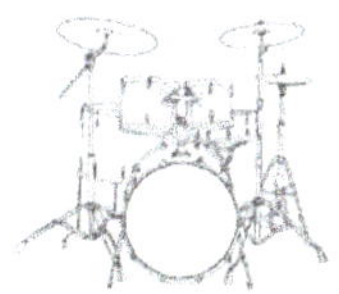

Scheda	
Titolo	Drumset method
Autore	Joe Porcaro
Anno	2012
Contenuti CD/DVD	Si
Tipo	/
Prezzo	22 euro
Edizione	Hal Leonard Publishers

dimensioni	livello contenuto				
	Accennato	Trattato	Analizzato	Approfomdito	Eccellente
Lo studio delle mani	★	★	★	★	
La coordinazione mani e piedi	★	★	★	★	
I ritmi e gli stili	★	★			
La performance musicale					
La visione storico-didattica-culturale					

Commento:
metodo che segna un percorso, partendo dal rudimento; per esempio dal Three Strock Ruff a tutte le
sue applicazioni : Jazz swing, Jazz Waltz, ... e cosi via.

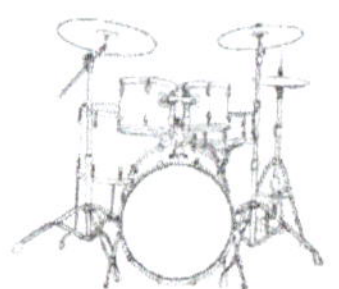

METODI DEDICATI PREVALENTEMENTE A:
3) RITMI & STILI – 4) PERFORMANCE MUSICALE

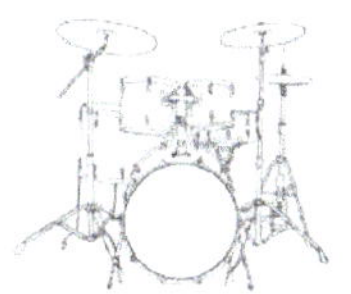

<table>
<tr><td>3</td><td>4</td><td colspan="2" align="center">Scheda</td></tr>
</table>

Titolo	Jazz Drumming TRANSITION
Autore	Terry O'Mahoney
Anno	2010
Contenuti CD/DVD	SI
Tipo	/
Prezzo	$20.00
Edizione	HAL LEONARD

dimensioni	livello contenuto

	Accennato	Trattato	Analizzato	Approfomdito	Eccellente
Lo studio delle mani					
La coordinazione mani e piedi					
I ritmi e gli stili	★	★			
La performance musicale	★	★	★	★	★
La visione storico-didattica-culturale					

Commento :
ottimo strumento di studio per le transizioni di stili, completo di basi su cui addestrare la transizione
per esempio fra : rock to swing, Bossa nova to swing, Samba to swing, etc. Etc.

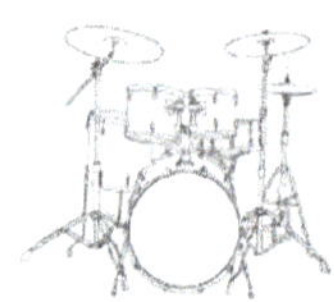

3	4	Scheda	

Titolo	Groove Essentials
Autore	Tommy Igoe
Anno	2005
Contenuti CD/DVD	SI
Tipo	/
Prezzo	30 euro
Edizione	HUDSON MUSIC

dimensioni	livello contenuto				
	Accennato	Trattato	Analizzato	Approfomdito	Eccellente
Lo studio delle mani					
La coordinazione mani e piedi					
I ritmi e gli stili	☆	☆	☆	☆	
La performance musicale	☆	☆	☆		
La visione storico-didattica-culturale					

Commento:
esistono 2 volumi e anche un 2 DVD (venduti separatamente) con i video delle esecuzioni dell'autore. Grande successo di vendite.

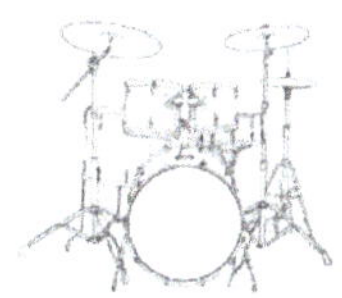

3	Scheda	
Titolo	AdvancedFunk Drumming	
Autore	Jim Payne	
Anno	2009	
Contenuti CD/DVD	SI	
Tipo	/	
Prezzo	/	
Edizione	Hal Leonard	

dimensioni	livello contenuto				
	Accennato	Trattato	Analizzato	Approfomdito	Eccellente
Lo studio delle mani					
La coordinazione mani e piedi					
I ritmi e gli stili	★	★	★	☆	
La performance musicale					
La visione storico-didattica-culturale					

Commento:
Ottimo metodo dedicato completamente al funk drumming.
Molto materiale audio e video.

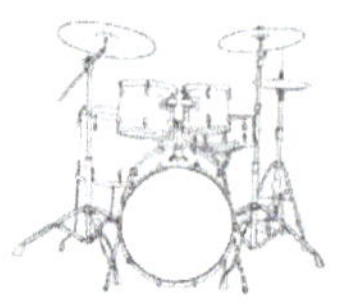

3	4	Scheda	
Titolo			Vienna Big Band Machine
Autore			Walter Grassmann
Anno			1993
Contenuti CD/DVD			SI
Tipo			/
Prezzo			30 euro
Edizione			Advance music

dimensioni	livello contenuto				
Lo studio delle mani					
La coordinazione mani e piedi					
I ritmi e gli stili	★	★	★		
La performance musicale	★	★	★	★	★
La visione storico-didattica-culturale					
	Accennato	Trattato	Analizzato	Approfomdito	Eccellente

Commento:
si tratta di un metodo unico, una collezione di partiture scritte, in modo puntuale e professionale.
Educa la capacità di lettura ed esecuzione.

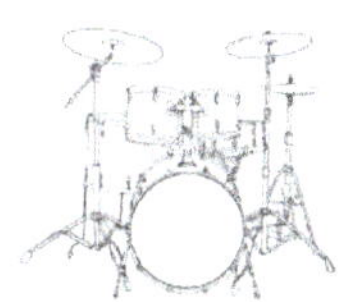

4	Scheda	
Titolo	**Big Band Drumming**	
Autore	Walter Grassmann	
Anno	2019	
Contenuti CD/DVD	SI	
Tipo	/	
Prezzo	30 euro	
Edizione	Volonte&Co	

dimensioni	livello contenuto				
Lo studio delle mani					
La coordinazione mani e piedi					
I ritmi e gli stili					
La performance musicale	★	★	★	★	★
La visione storico-didattica-culturale					
	Accennato	Trattato	Analizzato	Approfomdito	Eccellente

Commento:

si tratta di un metodo unico, incentrato sulla batteria nelle Big Band. Ha molti esercizi preparatori su come introdurre i passaggi di batteria, mentre si accompagna la Big Band. Ottime trascrizioni di spartiti per batteria (da spartito big band -> spartito batteria)

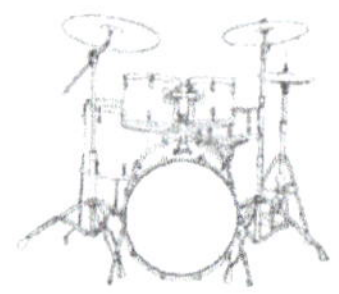

3	Scheda	
Titolo	**Afro-Cuban Coordination for drumset**	
Autore	Maria Martinez	
Anno	1999	
Contenuti CD/DVD	SI	
Tipo	/	
Prezzo	$17.00	
Edizione	All Leonard	

dimensioni	livello contenuto				
	Accennato	Trattato	Analizzato	Approfomdito	Eccellente
Lo studio delle mani					
La coordinazione mani e piedi					
I ritmi e gli stili					
La performance musicale					
La visione storico-didattica-culturale					

Commento:
Interessante metodo per imparare i fondamenti dei ritmi Afro-cubani

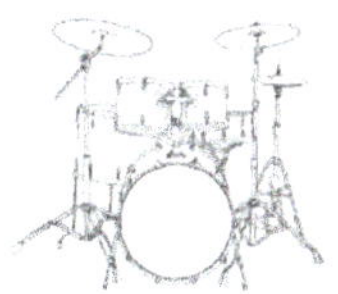

3	Scheda

Titolo	**Brazilian Coordination for drumset**
Autore	Maria Martinez
Anno	1999
Contenuti CD/DVD	SI
Tipo	/
Prezzo	$15.00
Edizione	All Leonard

dimensioni	livello contenuto				
	Accennato	Trattato	Analizzato	Approfomdito	Eccellente
Lo studio delle mani					
La coordinazione mani e piedi					
I ritmi e gli stili	☆☆☆				
La performance musicale					
La visione storico-didattica-culturale					

Commento:
Interessante metodo per imparare i fondamenti dei ritmi Brasiliani

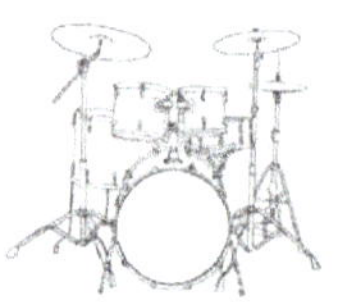

Titolo	**The pulse of Jazz**
Autore	Nic Marcy
Anno	2013
Contenuti CD/DVD	SI
Tipo	/
Prezzo	17 US $
Edizione	Alfred

dimensioni	livello contenuto				
	Accennato	Trattato	Analizzato	Approfomdito	Eccellente
Lo studio delle mani					
La coordinazione mani e piedi					
I ritmi e gli stili	★	★	★		
La performance musicale	★	★	★		
La visione storico-didattica-culturale					

Commento:
Interessante metodo per assimilare la pulsazione del Jazz ed il comping

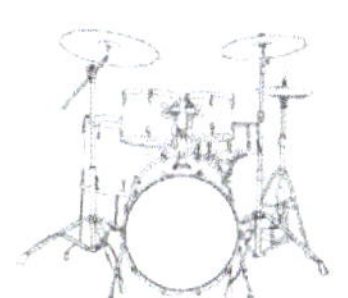

METODI DEDICATI PREVALENTEMENTE AD:
2)COORDINAZIONE MANI E PIEDI
3) RITMI & STILI – 4) PERFORMANCE MUSICALE
5) UNA VISIONE STORICO / DIDATTICA /
CULTURALE

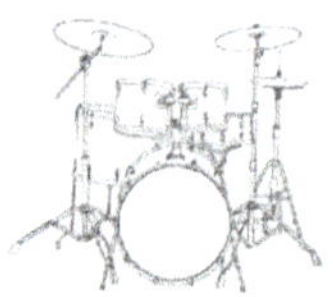

2	3	4	5	Scheda

Titolo	John Riley
Autore	L'arte della batteria Bop
Anno	1994
Contenuti CD/DVD	SI
Tipo	/
Prezzo	22 euro
Edizione	Volonte'&Co

dimensioni	Accennato	Trattato	Analizzato	Approfomdito	Eccellente
Lo studio delle mani	★	★	★		
La coordinazione mani e piedi	★	★	★	★	
I ritmi e gli stili	★	★	★	★	
La performance musicale	★	★	★		
La visione storico-didattica-culturale	★	★	★		

livello contenuto

Commento:
un ottimo volume di un grande didatta, dedicato in particolare alla batteria jazz (bop)

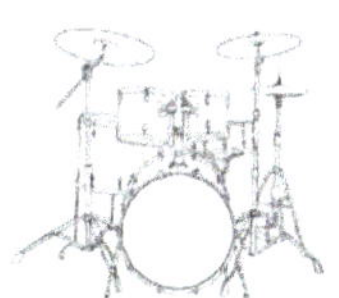

<table>
<tr><td>2</td><td>3</td><td>4</td><td>5</td><td colspan="2" align="center">Scheda</td></tr>
</table>

Titolo	John Riley
Autore	Beyond Bop Drumming
Anno	1997
Contenuti CD/DVD	SI
Tipo	/
Prezzo	$26.00
Edizione	Alfred

dimensioni	livello contenuto				
	Accennato	Trattato	Analizzato	Approfomdito	Eccellente
Lo studio delle mani					
La coordinazione mani e piedi	★	★	★		
I ritmi e gli stili	★	★	★	★	
La performance musicale	★	★	★	★	
La visione storico-didattica-culturale	★	★	★		

Commento:
è il proseguimento del precedente volume ' L'arte della batteria Bop'

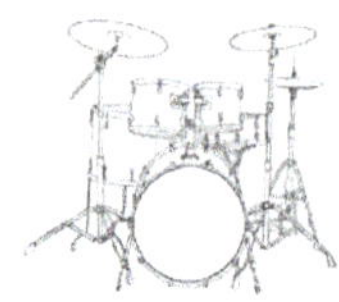

3	4	5	Scheda

Titolo	The Jazz drummer's workshop
Autore	John Riley
Anno	2004
Contenuti CD/DVD	SI
Tipo	/
Prezzo	$18.00
Edizione	Hal Leonard

dimensioni	livello contenuto				
	Accennato	Trattato	Analizzato	Approfomdito	Eccellente
Lo studio delle mani					
La coordinazione mani e piedi					
I ritmi e gli stili	★	★	★		
La performance musicale	★	★	★		
La visione storico-didattica-culturale	★	★	★	★	

Commento:
vengono analizzati gli stili di grandi batteristi Jazz

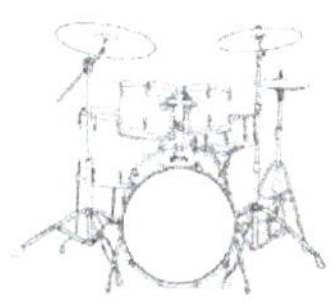

3	4	5	Scheda

Titolo	Conversations in CLAVE
Autore	Horacio Hernandez
Anno	2000
Contenuti CD/DVD	SI
Tipo	/
Prezzo	$30.00
Edizione	Alfred

dimensioni	livello contenuto				
	Accennato	Trattato	Analizzato	Approfomdito	Eccellente
Lo studio delle mani					
La coordinazione mani e piedi					
I ritmi e gli stili	★	★	★	☆	
La performance musicale	★	★	★		
La visione storico-didattica-culturale	★	★			

Commento :
Metodo dedicato alla Clave per l'Afro-Cuban ritmo.
Ottimo approccio ai vari tipi di clave : Rumba, Son, 6/8, Bembe
Alla domanda su quale sia la cosa piu importante, Horacio risponde con un ottimo italiano :
"La precisione"

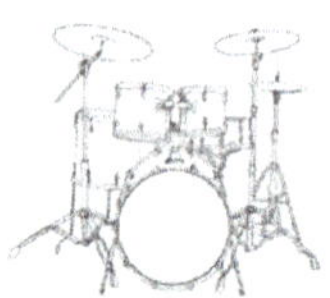

1	2	3	4	5	**Scheda**

Titolo	The Erskine Method
Autore	Peter Erskine
Anno	2004
Contenuti CD/DVD	SI
Tipo	/
Prezzo	/
Edizione	Alfred

dimensioni	livello contenuto				
	Accennato	Trattato	Analizzato	Approfondito	Eccellente
Lo studio delle mani	★	★			
La coordinazione mani e piedi	★	★			
I ritmi e gli stili	★	★	★		
La performance musicale	★	★	★	★	
La visione storico-didattica-culturale	★				

Commento:
Si tratta di un metodo completo, che abbraccia piu argomenti, di uno dei piu grandi maestri viventi

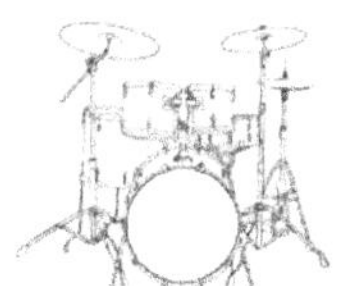

**METODI DEDICATI PREVALENTEMENTE AD:
5) UNA VISIONE STORICO / DIDATTICA /
CULTURALE**

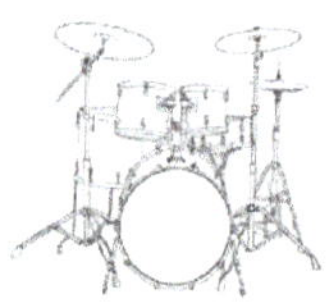

3	5	Scheda	

Titolo	Salsa Guidebook
Autore	Rebeca Mauleon
Anno	1993
Contenuti CD/DVD	No
Tipo	/
Prezzo	25 euro
Edizione	Sher Music

dimensioni	livello contenuto				
	Accennato	Trattato	Analizzato	Approfomdito	Eccellente
Lo studio delle mani					
La coordinazione mani e piedi					
I ritmi e gli stili	★	★	☆		
La performance musicale					
La visione storico-didattica-culturale	★	★	★	★	★

Commento:
volume che fa parte della biblioteca dell'eccellenza, per la visione storico-didattica-culturale sull'argomento della 'salsa'.

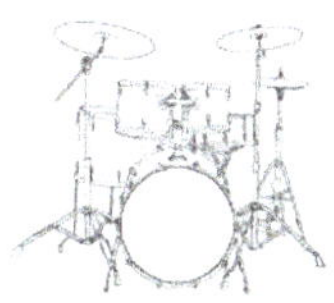

Scheda

Titolo	World Jazz Drumming
Autore	Mark Walker
Anno	2009
Contenuti CD/DVD	SI
Tipo	/
Prezzo	$23.00
Edizione	BERKLEE PRESS

dimensioni	livello contenuto				
	Accennato	Trattato	Analizzato	Approfomdito	Eccellente
Lo studio delle mani					
La coordinazione mani e piedi					
I ritmi e gli stili	★	★	☆		
La performance musicale					
La visione storico-didattica-culturale	★	★	☆		

Commento:
offre uno squardo sul mondo, degli stili ritmici, provenienti da ogni parte del globo.

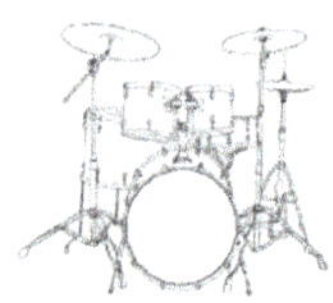

<table>
<tr><td>5</td><td colspan="6" align="center">Scheda</td></tr>
</table>

Titolo	The Jazz Theory Book
Autore	Mark Levine
Anno	2006
Contenuti CD/DVD	No
Tipo	/
Prezzo	/
Edizione	Curci Jazz

dimensioni	livello contenuto				
Lo studio delle mani					
La coordinazione mani e piedi					
I ritmi e gli stili					
La performance musicale					
La visione storico-didattica-culturale	☆	☆	☆	☆	★
	Accennato	Trattato	Analizzato	Approfomdito	Eccellente

Commento:
Non è un libro dedicato alla batteria.
E' il piu importante libro sulla teoria che sta alla base del Jazz.
E' un libro fondamentale per la completezza culturale musicale del musicista Jazz.

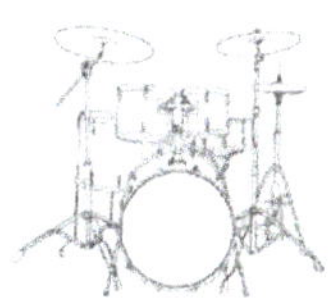

3	5	Scheda	

Titolo	The evolution of Jazz drumming
Autore	Danny Gottlieb
Anno	2010
Contenuti CD/DVD	SI
Tipo	/
Prezzo	$30.00
Edizione	HUDSON MUSIC

dimensioni	livello contenuto				
	Accennato	Trattato	Analizzato	Approfomdito	Eccellente
Lo studio delle mani					
La coordinazione mani e piedi					
I ritmi e gli stili	☆	☆	☆		
La performance musicale					
La visione storico-didattica-culturale	☆	☆	☆		

Commento:
Questo libro è un'interessante raccolta degli stili e caratteristiche dei grandi batteristi della storia.

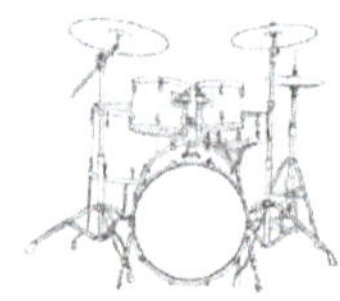

<table>
<tr><td>3</td><td>5</td><td colspan="6">Scheda</td></tr>
</table>

Titolo	La strada battuta
Autore	Rich Lackowski
Anno	2010
Contenuti CD/DVD	SI
Tipo	/
Prezzo	29 euro
Edizione	Volontè & Co

dimensioni	livello contenuto				
Lo studio delle mani					
La coordinazione mani e piedi					
I ritmi e gli stili			★★☆		
La performance musicale					
La visione storico-didattica-culturale			★★☆		
	Accennato	Trattato	Analizzato	Approfomdito	Eccellente

Commento:
buon metodo per scoprire i principali pattern ed interpreti di vari stili musicali, nell'arco degli ultimi 50 anni. Cenni anche sulla composizione del drum-set di famosi batteristi.

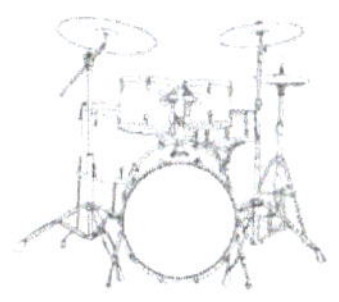

5	Scheda	
Titolo		Gli Standard del Jazz
Autore		Ted Gioia
Anno		2015
Contenuti CD/DVD		No
Tipo		/
Prezzo		28 euro
Edizione		EDT

dimensioni	livello contenuto				
	Accennato	Trattato	Analizzato	Approfomdito	Eccellente
Lo studio delle mani					
La coordinazione mani e piedi					
I ritmi e gli stili					
La performance musicale					
La visione storico-didattica-culturale	★	★	★	★	

Commento:
è un libro dedicato, non alla batteria, ma alla descrizione dei brani standard di Jazz. Vengono menzionate la forma del brano e vengono citate le migliori esecuzioni registrate in tutti i tempi.

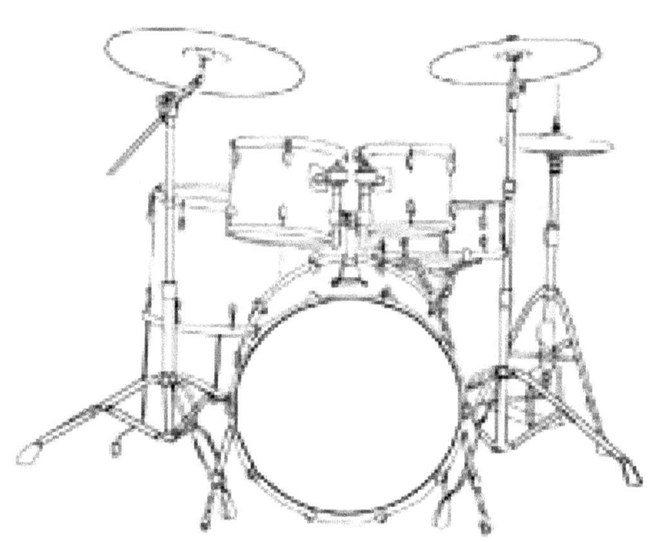

Due chiacchiere al bar

In questa sezione si raccontano le chiaccherate al bar/pasticceria tra l'autore di questo libro ed un famoso artista e maestro di batteria, davanti ad un caffè seduti al tavolino.

1) Si parla di Jeff Porcaro che sembra sostenere che gli esercizi sui rudimenti e sulla lettura di libri interi dedicati allo studio delle mani, compreso il libro del famoso padre di Jeff, ovvero Joe Porcaro, non servano a nulla. Jeff Porcaro cita i 'Steely Dan', gruppo pop-rock degli anni 70-80, famoso per la grande pulizia esecutiva e precisione della batteria. E' sufficiente studiare questi brani fino ad essere in grado di eseguire la parte di batteria, esattamente com'è sui brani di questo gruppo, per essere un bravo batterista.
Ovviamente sono da escludere le capacità di eseguire un solo, che però nei brani pop rock non è cosi frequente. Senza rudimenti e studio delle mani, infatti, non si sarebbe in grado di affrontare nessuna costruzione di assoli, tipici dei brani jazz.
Argomento interessante non c'è che dire.

2) Si parla dell'esecuzione dell'accompagnamento della batteria. C'è chi suona con molta precisione ed accuratezza ("la precisione è la cosa piu importante sosteneva "El negro" Hernandez) senza essere invadente. C'è invece chi non riesce a fare una misura di 4 quarti senza aggiungere un fill o un accento, invadendo un po' lo spazio sonoro, quasi a dover dimostrare qualcosa.
Qual'è l'esecuzione migliore ? qual'è preferibile ?

3) Si parla del poco pubblico che a volte c'è nei concerti locali, in particolare se parliamo di jazz, soprattutto se parliamo di jazz senza cantante, soprattutto se parliamo di jazz in trio.
Qual'è la causa ? Poca pubblicità all'evento ? La scaletta non attraente ?
Qual'è l'atteggiamento giusto del front-man o della front-woman ?
Parlare con il pubblico, spiegare il perchè di un brano, da dove nasce, in quale momento storico, oppure eseguire e basta e la musica parla da sola ?

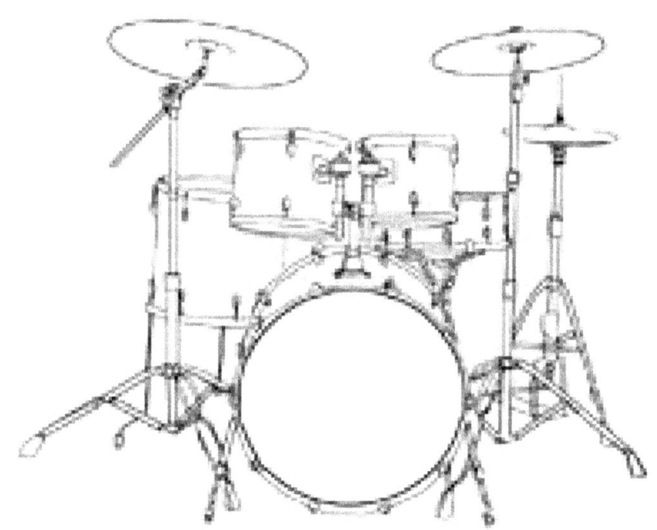